CHAMBRE DES NOTAIRES

DE

L'ARRONDISSEMENT DE LILLE.

FORMULES DE CAHIER DE CHARGES

POUR LES

VENTES VOLONTAIRES & JUDICIAIRES D'IMMEUBLES

PAR ADJUDICATION PUBLIQUE,

ADOPTÉES PAR LA CHAMBRE DES NOTAIRES

DE L'ARRONDISSEMENT DE LILLE

DANS SA SÉANCE DU 4 JUIN 1856,

ET RÉVISÉES DANS CELLE DU 11 AOUT 1880.

LILLE,

IMPRIMERIE L. DANEL.

1880.

VENTES VOLONTAIRES D'IMMEUBLES.

CHAMBRE DES NOTAIRES

DE L'ARRONDISSEMENT DE LILLE.

FORMULE DE CAHIER DE CHARGES

POUR LES VENTES VOLONTAIRES D'IMMEUBLES

PAR ADJUDICATION PUBLIQUE,

ADOPTÉE PAR LA CHAMBRE DES NOTAIRES DE L'ARRONDISSEMENT DE LILLE

DANS SA SÉANCE DU 4 JUIN 1856,

ET RÉVISÉE DANS CELLE DU 11 AOUT 1880.

L'an mil huit cent-   , le
à heures d   , en

PARDEVANT Mᵉ

A COMPARU :

M.

Lequel étant dans l'intention de vendre par adjudicatinn publique, le bien ci-après désigné, a établi ainsi qu'il suit le cahier des charges, clauses et conditions de la vente.

DÉSIGNATION DU BIEN.

ÉNONCIATION DU BAIL OU DE LA LOCATION A ENTRETENIR, OU DÉCLARATION QU'IL N'Y EN A POINT.

ÉTABLISSEMENT DE LA PROPRIÉTÉ.

(Il faut , autant qu'on le peut , faire remonter l'origine de la propriété à trente ans au moins : justifier la libération de tous les anciens propriétaires , rappeler les formalités de transcriptions et de purge des hypothèques légales , faire connaître les inscriptions révélées à la suite de l'accomplissement de ces formalités et les radiations desdites inscriptions , lorsque les biens proviennent de succession , justifier de la qualité des vendeurs par la relation de l'intitulé d'inventaire ou la production d'un acte de notoriété).

ÉTAT CIVIL DU VENDEUR.

(Indiquer s'il est célibataire ; s'il est marié, le nom de son épouse et sous quel régime a été fait leur contrat de mariage ; et lorsqu'il s'agit de biens appartenant à une femme, s'il y a ou non dans ce contrat condition d'emploi ; faire connaître si le vendeur est ou non chargé de tutelle , et , dans le cas affirmatif , les noms et demeure du subrogé-tuteur, s'il n'y a pas de subrogé-tuteur, indiquer le lieu de l'ouverture de la tutelle , indiquer encore s'il est ou non comptable de deniers publics).

CHARGES, CLAUSES ET CONDITIONS DE LA VENTE.

ARTICLE Ier.

Garantie.

La vente est faite avec garantie de la part du vendeur *(s'il y avait plusieurs vendeurs qui garantissent solidairement la vente, on dirait :* La vente se fait avec garantie (solidaire) de la part des vendeurs, de tous troubles, donations, privilèges, hypothèques, évictions, aliénations et de tous autres empêchements.

Comme conséquence de la solidarité ci-dessus stipulée, la dame.... a déclaré renoncer en faveur de l'acquéreur à l'hypothèque légale qu'elle a ou pourra avoir à exercer contre son mari sur les biens exposés en vente pour sûreté de ses reprises et conventions matrimoniales et subroger au besoin ledit acquéreur dans tous ses droits, raisons, actions et hypothèques sur les mêmes biens.

L'adjudicataire prendra le bien exposé en vente dans l'état où il se trouvera au jour de l'adjudication, sans pouvoir prétendre à aucune garantie ni indemnité de la part du vendeur, ni à aucune diminution de prix pour dégradations, erreurs dans la désignation.

Si le vendeur ne garantit pas la contenance, on ajoutera :

La vente est faite sans aucune garantie de la superficie, le plus ou le moins d'étendue demeurant au profit ou à la perte de l'acquéreur, la différence excédât - elle un vingtième.

Le bien est vendu avec toutes ses dépendances, sauf... (*exprimer les réserves, s'il y en a*), sauf encore ce que l'occupeur justifierait lui appartenir.

ARTICLE II.

Servitudes.

L'adjudicataire jouira des servitudes actives, et souffrira les servitudes passives, apparentes ou non apparentes, continues ou discontinues, s'il en existe, sauf à faire valoir les unes et à se défendre des autres, à ses risques et périls, sans aucun recours contre le vendeur, et sans que la présente clause puisse attribuer à qui que ce soit, plus de droits qu'il n'en aurait, soit en vertu de la loi, soit en vertu de titres réguliers et non prescrits.

ARTICLE III.

Entrée en jouissance.

L'adjudicataire sera propriétaire par le fait seul de l'adjudication, et il entrera en jouissance, soit par la prise de possession du bien, soit par la perception à son profit des loyers (*ou* fermages), à partir du....

ARTICLE IV.

Contributions.

L'adjudicataire supportera toutes les contributions auxquelles le bien exposé en vente est ou pourra être assujetti, aussi à compter du...

ARTICLE V.

Entretien des baux.

L'adjudicataire sera tenu d'entretenir pour le temps qui en restera à courir au moment de l'adjudication les droits d'occupation et baux concernant son cquisition (et s'il avait été payé par anticipation quelques sommes à titre de pot-de-vin, ces sommes demeureraient acquises au vendeur sans répétition).

Si le bien est tenu en bail emphytéotique, on ajoutera :

L'adjudicataire sera tenu, à compter du...   de payer la redevance emphytéotique, à laquelle l'immeuble est soumis, et d'exécuter en outre toutes les clauses, charges et conditions imposées par le titre constitutif de l'emphytéose ci-dessus énoncé.

ARTICLE VI.

Assurance contre l'incendie.

(Cas où il existe une police).

L'adjudicataire sera subrogé par le seul fait de l'adjudication, dans les droits du vendeur, résultant de la police d'assurance contre l'incendie, qui a été contractée avec la compagnie   pour   années expirant le

De laquelle police un double daté de Lille portant le numéro   *(faire ici la mention, soit de l'annexe, soit de l'enregistrement préalable).*

L'adjudicataire sera tenu de continuer cette assurance, et à cet effet de déclarer sans délai, à la compagnie qui l'a faite, la mutation opérée à son profit et de la faire mentionner sur la police.

Si, en vertu de la police, l'assurance se trouve résiliée, l'adjudicataire devra faire assurer immédiatement la propriété exposée en vente pour une somme égale à la valeur des constructions comprises en son adjudication et pour le temps pendant lequel il sera débiteur de son prix.

En cas de sinistre avant la libération de l'adjudicataire, le vendeur ou ses créanciers inscrits auront seuls droit à

*

l'indemnité jusqu'à due concurrence, à l'effet de quoi l'adjudication vaudra transport et pourra être signifiée à qui besoin sera et aux frais de l'adjudicataire.

(Cas où la propriété n'est pas assurée).

L'adjudicataire devra, dans les trois jours de l'adjudication, faire assurer contre l'incendie la propriété exposée en vente pour une somme égale à la valeur des constructions comprises dans son adjudication et pour le temps pendant lequel il sera débiteur de son prix.

Cette assurance devra être faite au profit du vendeur ou de ses créanciers hypothécaires utilement inscrits.

Et à défaut par l'adjudicataire de satisfaire à cette obligation, le vendeur aura le droit de faire opérer lui-même ladite assurance aux frais de l'acquéreur.

En cas de sinistre avant la libération de l'adjudicataire, le vendeur ou ses créanciers inscrits auront seuls droit à l'indemnité jusqu'à due concurrence.

ARTICLE VII.

Frais.

L'adjudicataire paiera au notaire chargé de la vente, pour le rembourser de tous frais d'affiches, affixions, publications, insertions dans les journaux, examen des titres, timbre, droits d'enregistrement, rédaction du procès-verbal d'adjudication, et pour le payer de tous honoraires, tant sur le prix de l'adjudication que sur tous accessoires revenant au vendeur, savoir :

Jusqu'à 10,000 fr. . . . . 12 pour cent.

De 10 à 20,000 fr. . . . . 11 »

De 20 à 60,000 fr. . . . . 10 »

. Et au-delà . . . . 9 »

Il paiera de plus tous droits d'enregistrement autres que ceux de mutation, les frais de grosse, expédition, transcription et certificats.

Il paiera, en outre, les frais de purge et ceux de quittance, s'il y a lieu.

La taxe des frais ci-dessus, si elle est requise, ne profitera qu'au vendeur ou à ses créanciers hypothécaires.

Si le bien est tenu en bail emphytéotique, les frais seront établis comme suit :

Jusqu'à 10,000 fr. . . . . . 6 pour cent.

De 10,000 à 20,000 fr. . . . 5 »

De 20,000 à 60,000 fr. . . . 4 »

Au-delà. . . . . 3 »

Frais d'enregistrement, grosse, transcription et certificats en plus.

Les frais d'une expédition à remettre au propriétaire du fonds si elle est réclamée.

ARTICLE VIII.

Paiement des frais.

Les frais portés article VII, et alloués au notaire chargé de la vente, devront être acquittés en espèces en l'étude de Me   , notaire à dans les cinq jours de l'adjudication, et, en cas de déclaration de command, au moment même de cette déclaration.

L'expédition ne sera remise à l'adjudicataire qu'après le paiement intégral desdits frais.

ARTICLE IX.

Transcription et purge.

Dans la quinzaine qui suivra le jour de l'adjudication, l'adjudicataire qui n'aura pas payé son prix devra faire transcrire au bureau des hypothèques de la situation des biens, l'expédition de son contrat d'acquisition.

Et faute par lui d'avoir, dans ce délai, rapporté au vendeur la preuve de l'accomplissement de la formalité de transcription, celui-ci sera autorisé à la faire opérer lui-même sans qu'il soit besoin d'aucune mise en demeure.

L'adjudicataire fera remplir, en outre, si bon lui semble et à ses frais, les formalités prescrites par la loi pour purger les hypothèques légales, et ce, dans le délai de quatre mois de ce jour ; si, par suite de l'une ou de l'autre formalité, il y a ou survient des inscriptions grevant l'immeuble présentement vendu (*autres que celles pour raison desquelles il y aurait indication de paiement ou délégation*) l'adjudicataire sera tenu d'en faire la dénonciation au vendeur, au domicile ci-après élu et celui-ci aura un délai de quarante jours pour rapporter certificat de radiation desdites inscriptions ; pendant ce délai, l'adjudicataire ne pourra faire ni offre, ni consignation de ce prix, ni faire aucune notification aux créanciers inscrits, à moins qu'il n'y soit contraint par les voies légales.

ARTICLE X.

Surenchère.

En cas de surenchère sur les biens exposés en vente, le bénéfice qui pourra en résulter appartiendra au vendeur ou à ses créanciers hypothécaires inscrits sur lesdits biens, sans que les adjudicataires évincés aient le droit d'exercer contre le vendeur ou contre tous autres aucune action en indemnité en raison du préjudice résultant pour eux de la surenchère, soit qu'ils restent ou non acquéreurs définitifs.

ARTICLE XI.

Paiement du prix.

L'adjudicataire devra payer sans intérêts le prix principal de son acquisition dans le courant du mois qui suivra l'adjudication, entre les mains du vendeur ou de ses créanciers hypothécaires utilement inscrits sur le bien exposé en vente, auxquels il en est fait au besoin par les présentes toute délégation expresse.

Ce délai d'un mois expiré, soit que l'adjudicataire fasse ou non opérer la purge des hypothèques légales, le prix produira intérêt à raison de 5 pour cent l'an, depuis le jour de l'expiration dudit délai jusqu'à celui du paiement effectif.

Les paiements en principal et intérêts seront effectués à   en l'étude dudit notaire   ; ils ne pourront avoir lieu valablement qu'en espèces d'or ou d'argent ayant actuellement cours de monnaie en France.

La quittance du prix de la vente sera passée dans la forme authentique.

**

ARTICLE XII.

Prohibition de détériorer l'immeuble vendu.

Avant le paiement intégral ou la consignation de son prix, l'adjudicataire ne pourra faire aucun changement, aucune démolition, abattre aucun arbre, ni commettre aucune détérioration dans le bien.

ARTICLE XIII.

Remise des titres.

L'acquéreur ne pourra exiger d'autres titres que ceux qui lui seront remis de bonne foi par le vendeur.

Dans le cas où il y aurait plusieurs lots, on ajouterait :

Et si des titres étaient communs à plusieurs lots, ils seraient remis à l'adjudicataire qui acquerrait pour la plus forte somme, à charge par lui d'en laisser prendre aux autres adjudicataires copie collationnée et à leurs frais.

ARTICLE XIV.

Réception des enchères.

Les amateurs ne seront admis à faire des offres qu'en présentant caution solvable à l'apaisement du vendeur, si celui-ci le requiert.

Chaque offre ne pourra être inférieure à

ARTICLE XV.

Des commands.

L'adjudicataire sera libre de faire toutes déclarations de command, à ses frais, risques et périls, et en observant les formalités et délais voulus par la loi. Il restera, en outre, si le vendeur le requiert, solidairement obligé avec celui ou ceux qu'il se sera substitués, tant au paiement du prix qu'à l'accomplissement de toutes charges, clauses et conditions de la vente. La solidarité, si elle est requise, devra être stipulée dans l'acte même de déclaration de command. Cette solidarité sera de droit si la déclaration de command est faite devant un autre notaire que celui qui aura reçu le procès-verbal d'adjudication.

ARTICLE XVI.

Solidarité entre plusieurs acquéreurs.

Si plusieurs personnes se rendent ensemble adjudicataires, elles seront tenues solidairement entre elles tant au paiement du prix qu'à l'exécution de toutes les charges, clauses et conditions insérées aux présentes.

ARTICLE XVII.

Election de domicile et attribution de juridiction.

Pour l'exécution des présentes et pour la validité de l'inscription d'office ou de privilége qui pourra être prise en vertu des présentes, le vendeur élit domicile en l'étude dudit notaire   , sise à   ,
rue

L'adjudicataire sera tenu de faire une élection de domicile dans le ressort du Tribunal civil de Lille, et ce, au moment même de l'adjudication; et, faute par lui de le faire, ce domicile sera élu de plein droit en l'étude dudit M^e

Les domiciles élus seront attributifs de juridiction.

Au surplus, le vendeur et l'adjudicataire demeureront soumis pour tous les effets de l'adjudication, à la juridiction du Tribunal civil de Lille.

ADJUDICATION,

Il a été donné lecture aux amateurs réunis de tout ce qui précède, puis il a été procédé par lesdits notaires à ladite adjudication comme suit :

(Dans le cas de vente sur une mise-à-prix fixée par le vendeur, ou acceptée par un amateur, insérer cette clause).

Les enchères qui seront mises sur le bien jusqu'au jour de l'adjudication n'auront pas besoin, pour être valables, d'être acceptées par le vendeur, qui déclare en faire ici et dès à présent toute acceptation nécessaire.

VENTES JUDICIAIRES D'IMMEUBLES.

CHAMBRE DES NOTAIRES

DE L'ARRONDISSEMENT DE LILLE.

FORMULE DE CAHIER DE CHARGES

POUR LES VENTES JUDICIAIRES D'IMMEUBLES

PAR ADJUDICATION PUBLIQUE,

ADOPTÉE PAR LA CHAMBRE DES NOTAIRES DE L'ARRONDISSEMENT DE LILLE

DANS SA SÉANCE DU 6 AOUT 1845,

ET RÉVISÉE DANS CELLE DU 11 AOUT 1880.

CAHIER DES CHARGES dressé par
Me   , Notaire à   ,
commis à cet effet pour parvenir à la
vente aux enchères de....

(*Désigner sommairement les propriétés*).

En conséquence d'un jugement rendu par le Tribunal
civil de Lille qui sera ci-après énoncé.

ÉNONCIATION DU JUGEMENT ORDONNANT LA VENTE :

Sur la poursuite intentée pardevant le Tribunal civil de première instance, séant à Lille, par....

(*Noms, prénoms, professions, domicile des poursuivants*).

Ayant pour Avoué M^e   , demeurant à Lille.

A l'encontre de....

(*Noms, pvénoms, professions, domiciles des co-licitants; s'il y a des mineurs, dire quel est leur subrogé-tuteur ; si les biens dépendent d'une succession, rappeler la déclaration de l'accep-tation des mineurs sous bénéfice d'inventaire*).

Ayant pour Avoué M^e   , demeurant à Lille.

A effet d'entrer en compte, liquidation et partage des biens dépendant....

(*Rappeler ici si les biens dépendent d'une communauté, la date du décès de l'un des époux ou de tous deux ; ou bien, s'ils dépendent d'une succession, les noms, prénoms, qualités du défunt, la date du décès*).

Ledit Tribunal a rendu le   un jugement dont le dispositif est ainsi conçu :

(*Copier textuellement le dispositif du jugement*).

DÉSIGNATION DES BIENS.

DEPARTEMENT D

ARRONDISSEMENT D

Ville d

ARTICLE Ier.

(*Désigner ici les propriétés à vendre comme elles devront l'être dans l'affiche*).

ÉNONCIATION DES BAUX.

(*On énoncera ici article par article les baux concernant les biens à vendre*).

ÉTABLISSEMENT DE LA PROPRIÉTÉ.

(*Suivre les mêmes indications que celles énoncées en la formule des ventes volontaires*).

ÉTAT - CIVIL DES VENDEURS.

(*La déclaration sur l'état-civil des vendeurs sera faite dans l'acte de dépôt du présent cahier des charges*).

CHARGES, CLAUSES ET CONDITIONS DE LA VENTE :

ARTICLE Ier.

Garantie.

ARTICLE II.

Servitudes.

ARTICLE III.

Entrée en jouissance.

ARTICLE IV,

Contributions.

ARTICLE V.

Entretien des Baux.

ARTICLE VI.

Assurance contre l'incendie.

(Pour ces six articles, suivre la formule des ventes volontaires).

ARTICLE VII.

Frais de poursuites pour parvenir à la vente et Remise des Avoués.

Les adjudicataires devront payer en sus de leur prix d'adjudication, et dans la huitaine du jour où elle aura été prononcée, à M^e　　　　　, avoué des poursuivants, et à M^e   , avoués des co-licitants, sur les états qu'ils fourniront, et d'après la taxe qui en aura été faite, tous les frais à eux dus pour parvenir à la vente des biens sus-désignés, le montant desquels frais sera annoncé publiquement lors de l'ouverture des enchères.

Ils paieront encore auxdits M^es   et   , les frais de présence à la vente.

Dans le cas où il n'y aurait pas eu d'expertise, on ajouterait :

Et attendu qu'il n'y a pas eu d'expertise, lesdits adjudicataires devront encore leur payer la différence entre la remise proportionnelle due au notaire soussigné en vertu de l'article 14 de l'ordonnance du 10 octobre 1841, et celle accordée aux avoués par l'article 11 de la même ordonnance pour le cas où, l'expertise étant facultative, le Tribunal ne l'aura pas ordonnée.

ARTICLE VIII.

Frais et honoraires de M^e............, Notaire.

Les adjudicataires paieront aussi, en sus de leur prix, audit M^e   , savoir :

A l'instant de l'adjudication ou le lendemain avant midi:

Les timbres de minute, grosse et expéditions, ainsi que les droits d'enregistrement auxquels les procès-verbaux et la mutation pourront donner ouverture ;

Et dans la huitaine de ladite adjudication :

1° L'honoraire du cahier des charges tel qu'il est fixé par le § Ier de l'article 14 de l'ordonnance du 10 octobre 1841 ;

2° Une vacation pour le dépôt de ce cahier ;

3° La remise proportionnelle telle qu'elle est réglée par le § II de l'article 10 et par le § XV de l'article 11 de l'ordonnance sus-rappelée :

Et 4° le coût d'un extrait pour chaque marché respectif et d'une grosse pour les vendeurs, si ceux-ci la requièrent.

Les frais et honoraires nécessités par la rédaction du cahier des charges seront, comme frais de poursuites, taxés préalablement à l'adjudication, et leur montant sera annoncé publiquement avec les frais dus aux avoués, lors de l'ouverture des enchères.

ARTICLE IX.

Division des frais.

Les frais mentionnés au § 1er de l'article 7 ci-dessus dus à M^{es}, avoués, ensemble les frais dus à M^e, notaire, pour rédaction du présent cahier des charges, timbre, enregistrement, dépôt de ce cahier, et pour le timbre du procès-verbal d'adjudication, seront supportés par les adjudicataires dans la proportion de la mise-à-prix des biens exposés en vente, sans avoir égard au prix de l'adjudication.

ARTICLE X.

Transcription et purge.

ARTICLE XI.

Surenchère.

ARTICLE XII.

Paiement du prix.

ARTICLE XIII.

Prohibition de détériorer l'immeuble vendu.

(*Pour ces articles suivre la formule des ventes volontaires*).

ARTICLE XIV.

Cas de non adjudication.

Si toutes les parties de biens n'étaient pas portées au taux de la mise-à-prix fixée par le Tribunal, et qu'il fût nécessaire de recourir à une nouvelle adjudication au dessous de cette mise-à-prix, les adjudicataires des biens ainsi vendus, indépendamment de leur part contributive dans les frais faits jusqu'à la première vente, seront encore tenus de supporter au prorata de la mise-à-prix actuelle desdits biens les frais qui deviendraient nécessaires pour parvenir à vendre au-dessous de ces mises-à-prix, et les derniers enchérisseurs seront, dans tous les cas, tenus d'accepter l'adjudication si leurs offres n'étaient pas couvertes lors des nouvelles publications.

Il est bien entendu que si un seul lot restait invendu, l'adjudicataire de ce lot devrait supporter seul tous les frais qui deviendraient nécessaires pour parvenir à sa vente.

ARTICLE XV.

Remise des titres.

ARTICLE XVI.

Réception des enchères.

ARTICLE XVII.

Des commands.

ARTICLE XVIII.

Solidarité entre plusieurs acquéreurs.

ARTICLE XIX.

Election de domicile et attribution de juridiction.

(*Comme la formule des ventes volontaires*).

MISES-A-PRIX.

Les immeubles ¿dont il s'agit seront adjugés sous les charges, clauses et conditions insérées aux présentes, sauf les modifications qui pourraient y être apportées dans le délai de la loi sur les mises-à-prix fixées par le Tribunal civil de Lille, aux termes du jugement sus-énoncé, savoir :

L'article premier, etc.

Le présent cahier des charges, rédigé par ledit notaire , a été signé par lui en son étude, à ,

le

(*Dans le cas où, lors de la poursuite, le tribunal aurait nommé des experts pour la visite et l'estimation des biens et leur division par lots dans la proportion des droits des parties, il faudrait sous le titre :* Énonciation du jugement ordonnant la vente, *rappeler le jugement qui les aurait commis, leur rapport et ses conclusions, le dépôt de ce rapport au greffe, l'adoption ou le rejet des conclusions des experts par le Tribunal, et terminer en copiant le texte du dispositif du dernier jugement.*

Si les biens à vendre dépendaient d'une succession bénéficiaire ou d'une faillite, il faudrait encore modifier, suivant les circonstances, ce qui a été dit au projet ci-dessus (lors du rappel de la poursuite).

Lille-Imp. L. Danel.

www.ingramcontent.com/pod-product-compliance
Lightning Source LLC
Chambersburg PA
CBHW060526200326
41520CB00017B/5140